1.ª edición: 2011
2.ª edición: 2012

© Textos: Paco Climent, 2011
© Ilustraciones: Violeta Monreal, 2011

© Grupo Editorial Bruño, S. L., 2011
Juan Ignacio Luca de Tena, 15
28027-Madrid

Dirección del Proyecto Editorial: Trini Marull
Dirección Editorial: Isabel Carril
Proyecto: Violeta Monreal
Diseño: Óscar Muinelo
Edición: Cristina González
Preimpresión: Equipo Bruño

www.brunolibros.es

Todas las fotografías
utilizadas en este libro
han sido realizadas
expresamente por el
Estudio Violeta Monreal
o por Edelweiss Monreal,
a quien agradecemos
muy especialmente
su colaboración.

ISBN: 978-84-216-8651-5
D. legal: M-37084-2011
Impreso en Orymu, S. A.

Reservados todos los derechos.
Quedan rigurosamente prohibidas,
sin el permiso escrito
de los titulares del *copyright*,
la reproducción o la transmisión total
o parcial de esta obra por cualquier
procedimiento mecánico o electrónico,
incluyendo la reprografía y el tratamiento
informático, y la distribución de ejemplares
mediante alquiler o préstamo públicos.
Pueden utilizarse citas siempre
que se mencione su procedencia.

Printed in Spain

16 INVENTOS
muy, muy importantes

Un divertido libro en el que encontrarás datos muy curiosos sobre algunos de los inventos más importantes de nuestra historia.

Además, tras la lectura podrás mostrar tus dotes de detective, porque en cada doble página hay escondidos seis objetos que debes descubrir. ¿Te atreves a encontrarlos?

Índice

1	Las herramientas y la rueda	8
2	La fuerza del viento	10
3	La escritura y la imprenta	12
4	Mirar las estrellas	14
5	La máquina de vapor	16
6	El tren	18
7	El submarino	20
8	El teléfono	22
9	El gramófono	24
10	El cine	26
11	El automóvil	28
12	El globo y el avión	30
13	Las vacunas y la penicilina	32
14	Los cohetes espaciales	34
15	La radiactividad	36
16	El chip prodigioso	38
	Soluciones	42
	Búsqueda	44

Las herramientas y la rueda

Dominar la tierra

En la Edad de Piedra no se habían inventado ni la ropa de tela, ni la rueda, ni las casas... y los hombres vivían en cuevas.

Las herramientas

La vida exigía un gran esfuerzo para dominar las fuerzas de la naturaleza. Las primeras «herramientas» fueron las manos. Después, el hombre primitivo aprendió a tallar la piedra e hizo con ella hachas y cuchillos.

Descubrimiento de la agricultura

Con las herramientas, el hombre pudo labrar sus campos y se las ingenió para subir el agua de los pozos. Inventaron primero una humilde noria para el regadío, y luego, el molino de agua.

La palanca

Con comida asegurada y casas de madera o piedra, descubrieron que, metiendo un palo debajo de una piedra, asombrosamente esta se desplazaba. Habían inventado la palanca.

Nuestro amigo el caballo

Hace unos 4 500 años domesticaron el caballo y, cuando los jinetes de Asia Central inventaron la cabezada, ya solo faltaba la rueda para crear carros y carretas a los que poder unirlo.

La rueda

Primero fue de madera maciza y muy pesada. Luego la aligeraron vaciándola y nacieron los radios. Con el tiempo, el caucho con el que se recubrió suavizaría su contacto con el suelo.

Para saber más

http://www.youtube.com/watch?v=yH_IhHDwQfI
(*Homo sapiens: La conquista de la Tierra*)

La creación de armas de piedra de sílex benefició la caza, de la que se alimentaban los hombres primitivos.

Aprendieron a triturar el grano con un molino de agua muy rudimentario.

Iniciaron el intercambio de productos utilizando animales para su transporte.

Pueblos adelantados de América, como los aztecas, mayas e incas, ¡no conocían la rueda!

La fuerza del viento

Cómo domar el viento
El navegante primitivo aprendió a avanzar en el agua con ayuda del remo. Pero le faltaba aprovechar la fuerza del viento y lo consiguió con una tela. Así, inventó la vela.

Navegación y comercio
Los primeros en navegar con fines comerciales fueron los egipcios, hacia el año 3000 a. C. Pero los fenicios y los cretenses fueron los más hábiles marinos y comerciantes. Durante la Edad Media, los vikingos bajaron hasta Sicilia pirateando con sus *drakkars* («dragones»).

Un mundo nuevo
Venciendo el miedo a terroríficas leyendas, las carabelas españolas y portuguesas unieron los puntos más distantes del globo descubriendo nuevas tierras. Los primeros barcos de la ruta de Canarias fueron las carracas italianas.

La carrera del té
Los *clipper*, bellos barcos con muchas velas, transportaban a Londres el té de Ceilán (la actual Sri Lanka).

La vela moderna
Hoy, la vela ha encontrado una nueva vía: el deporte. Distintas embarcaciones navegan en competiciones de todo tipo. También el *windsurf* y el parapente utilizan el viento y juegan con él.

El viento y la energía
Los molinos, con sus aspas semejantes a velas, generaban la energía necesaria para moler el grano. Hoy, los molinos son muy distintos.

Para saber más
http://www.youtube.com/watch?v=uSD3Z2pVnu8
(Parque eólico)

Toda la costa mediterránea española guarda testimonios del paso de los fenicios.

El barco de Colón, la *Santa María*, era una carraca convertida en carabela, más apta para travesías largas.

El primer *clipper* en llegar al puerto vendía el té al precio más alto.

Las enormes aspas de los nuevos molinos metálicos producen energía eléctrica para nuestras casas, fábricas, etcétera.

La escritura y la imprenta

Escritura cuneiforme

Hacia el año 3500 antes de nuestra era, los sumerios, un pueblo de Mesopotamia, inventaron una escritura que, en lugar de letras, dibujaba una representación abstracta de los objetos.

A falta de otro material, los sumerios escribían sobre tablillas de arcilla con un estilete.

El gran invento

Los fenicios, primero piratas y luego comerciantes, inventaron el primer alfabeto. Tenía 22 signos y, con distintas combinaciones, representaba todas las palabras.
Este alfabeto es la base de todos los demás, y una prueba de la inteligencia humana. Gracias a la escritura conservamos el legado de nuestros antepasados y podemos entender, por ejemplo, lo que pone en este libro.
El invento de los números por los árabes constituyó un extraordinario complemento a la escritura.

Los fenicios vivían en la zona costera del Líbano y Libia.

Griegos y romanos escribían sobre el liber (de ahí procede «libro») o corteza de los árboles.

El papel

Lo inventaron los chinos a base de bambú, paja y trapos, unos 200 años antes de Cristo. Los egipcios dejaron su escritura jeroglífica en los papiros (membranas de un junco del Nilo).

La imprenta

En 1438, el alemán **Gutenberg** (hacia 1398-1468) ideó unos moldes de metal de cada letra que, formando palabras bañadas en tinta, se aplicaban presionando sobre un papel. Así nació la imprenta, perfeccionada por **Fust** y **Schöffer**. Antes, los copistas debían reproducir cada libro de uno en uno durante días y días. El invento fue revolucionario, pues extendió los libros y el saber a muchísimas más personas.

El primer libro impreso fue la Biblia (1452).

Para saber más

http://www.youtube.com/watch?v=fh82Uqzn6IY
(Gutenberg y la imprenta)

Mirar las estrellas

> Los astrónomos egipcios podían observar el firmamento desde la abertura de la puerta de la pirámide... ¡incluso de día!

Pirámides observatorios

Desde tiempos remotos, el hombre ha sentido fascinación por las estrellas. Los antiguos egipcios fueron los grandes adelantados en su observación: la pirámide de Keops, además de ser la tumba de este faraón, podía ser utilizada como observatorio astronómico para ver el cielo y las estrellas.

Las lentes

Parece una broma, pero los primeros «telescopios» fueron las gafas, o mejor dicho, las lentes de aumento.

> En China, las lentes de aumento se utilizaron ya en el siglo X; en Europa, tres siglos después.

El telescopio

Fue el italiano **Galileo Galilei** (1564-1642) quien perfeccionó este invento: colocó dos lentes dentro de un tubo de cuero: una cóncava (curvada hacia dentro) en el extremo desde donde se miraba, y otra convexa (curvada hacia fuera) en el otro extremo. Esto fue hacia el 1600, y entre otras cosas, descubrió las manchas del Sol y los cráteres de la Luna.

> Galileo tuvo problemas con el papa al afirmar que el Sol (no la Tierra) era el centro del universo.

Los supertelescopios

En la isla canaria de La Palma, en el Roque de los Muchachos, a 2 000 metros de altitud, están varios de los telescopios más potentes del mundo. Es un espectáculo inolvidable: tú y los telescopios allí, por encima de las nubes, y el océano abajo. Sin embargo, ninguno es tan fiable como el Hubble, lanzado al espacio en una nave en 1990.

> Al no tener problemas de contaminación lumínica, el Hubble ofrece una visión perfecta.

Para saber más

http://www.youtube.com/watch?v=kwG2aCEbJ5E&playnext=1&list=PLF038EE5EBB115D65
(«Los sabios»: *Galileo Galilei*, dibujos animados)

La máquina de vapor

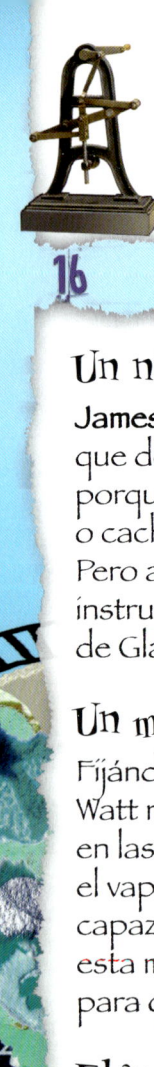

Un niño muy curioso

James Watt era un niño escocés que desesperaba a sus padres porque armaba y desarmaba cada juguete o cacharro que caía en sus manos. Pero acabó siendo restaurador de instrumentos de física de la Universidad de Glasgow (Escocia).

Un maravilloso invento

Fijándose en los instrumentos que reparaba, Watt mejoró un invento que ya se usaba en las minas: la máquina de vapor, en la que el vapor de agua se convertía en una fuerza capaz de mover una turbina. Al perfeccionar esta máquina, dejó el terreno preparado para que alguien inventara la locomotora.

El inglés Stephenson

Y **Stephenson**, nacido en 1781 al norte de Inglaterra, la inventó. Su estrecho contacto con la mecánica (su padre manejaba una bomba de vapor en una mina, y él mismo llegó a ser mecánico jefe en otra) debió de aportarle las ideas para ello.

Un estudiante prodigioso

Durante toda su infancia, Stephenson había visto a los caballos arrastrar las vagonetas de mineral sobre raíles de madera, y pensó: ¿y si los raíles fueran de hierro?, ¿y si las vagonetas se pudieran arrastrar con una de esas máquinas de vapor que había perfeccionado Watt, en vez de con caballos o mulas? De ahí a inventar la locomotora de vapor había solo un paso, y no tardó en darlo. Era el año 1820. La era del ferrocarril había comenzado.

Para saber más

http://www.youtube.com/watch?v=XosSgrBx9Hg
(«Érase una vez... Los inventores»: *Stephenson a todo vapor*, dibujos animados)

James Watt nació en 1736 y murió en 1819 a los 83 años.

Watt añadió a la máquina de vapor un medidor de presión (manómetro), modificó la caldera e inventó el condensador.

George Stephenson no aprendió a escribir hasta los 18 años.

Stephenson convirtió la máquina de vapor en locomotora de vapor.

El tren

La reina Victoria Eugenia de Inglaterra tardó veinte años en subirse a un tren.

Historias de trenes

Los comienzos del ferrocarril fueron muy problemáticos, ya que el ruido y el humo que producían las primeras locomotoras pusieron a la gente en su contra.

Un desafío

Los primeros trenes se usaron para transportar mercancías, y solo poco a poco la gente se fue atreviendo a subirse a sus vagones. En los primeros viajes, un hombre a caballo iba delante de la locomotora para que los campesinos se apartaran de las vías. Hasta hubo desafíos entre caballos de carreras y locomotoras, en los que el tren siempre salió triunfante.

El primer ferrocarril español fue el de Barcelona a Mataró (1848), y dos años más tarde, el de Madrid a Aranjuez.

El lejano Oeste

Allí, los trenes sufrían ataques de los indios. Las locomotoras eran muy típicas: altas chimeneas, un enorme farol delante para ver de noche y el *botaganado*, una peineta gigante que servía para apartar el ganado muerto de la vía o para abrirse paso entre las manadas de bisontes.

En 1936, las locomotoras diésel alcanzaban los 134 km por hora.

Del carbón al diésel

Las primeras locomotoras se alimentaban del carbón que el fogonero introducía en la caldera y que se almacenaba en el vagón llamado *ténder*. En 1897, el ingeniero alemán **Rudolph Diesel** aplicó un motor alimentado con un derivado del petróleo: el diésel. Fue el principio del fin del carbón y de las enormes nubes de humo que despedían las locomotoras.

Los trenes de última generación, como el AVE, pueden alcanzar en pruebas hasta 515 km por hora.

El tren eléctrico no es un juguete

La electrificación de las vías fue el siguiente paso. A través de esa electricidad, las locomotoras alimentan sus motores y llegan a viajar a grandes velocidades.

Para saber más

http://www.youtube.com/watch?v=h9HY7bqOVFE
(Trenes de alta velocidad)

El submarino

Isaac Peral nació en 1851 y murió en 1895 a los 43 años.

La botadura del submarino se pudo hacer gracias al apoyo de la reina regente doña María Cristina.

Narcís Monturiol nació en 1819 y murió en 1885 a los 65 años.

El *Ictíneo* se tuvo que vender como chatarra para pagar las deudas de su inventor.

El miedo a una ofensiva

En el año 1885, Alemania amenazaba con apropiarse de las islas Carolinas (al oeste del océano Pacífico), que por entonces todavía pertenecían a España.

Una reunión en San Fernando

En el Observatorio Astronómico de San Fernando (Cádiz), un grupo de científicos hablaban sobre la posibilidad de que hubiese guerra contra Alemania. De repente, **Isaac Peral**, teniente de navío y profesor de la Escuela de la Armada, dijo: «En estos momentos de peligro para España me veo obligado a revelarles que creo haber descubierto el problema de la navegación submarina». Y no era un farol…

El submarino Peral

Tres años después, en 1888, un extraño artefacto en forma de pera de 27 m de eslora (largo) fue botado ante millares de gaditanos, que hicieron apuestas a favor y en contra. Fue un éxito: navegó a 10 m de profundidad y hasta disparó un par de torpedos. Antes que Isaac Peral hubo otros inventores, pero fue él quien aplicó la electricidad para mover las hélices e ideó mecanismos que garantizaban la estabilidad, la orientación, la posibilidad de ver la superficie y la de emerger y sumergirse a voluntad del capitán.

El *Ictíneo* de Monturiol

Unos treinta años más tarde, aunque con un objetivo distinto (arrancar el coral del fondo marino), se daba un importante paso en la investigación submarina. El catalán **Narcís Monturiol** inventó el *Ictíneo*, que solucionó la regeneración del oxígeno para respirar una vez sumergido, pero aún faltaba mejorar el movimiento de las hélices.

Para saber más

http://www.youtube.com/watch?v=iM3Gmm3Z_w4 (Experiencia de aula sobre el *Ictíneo* de Monturiol)

El teléfono

Alexander Graham Bell nació en 1847 y murió en 1922 a los 75 años. Patentó el teléfono en 1876.

En el siglo XIX, Algeciras y Madrid se comunicaban por medio de torres. Así, el gobierno podía saber qué tipo de buques cruzaban el estrecho de Gibraltar.

Samuel Morse nació en 1791 y falleció en 1872 a los 80 años.

Guglielmo Marconi nació en 1874 y murió en 1937 a los 63 años.

Una estatua en el Retiro

En el parque del Retiro de Madrid se levanta la estatua del monje Pedro Ponce de León, nacido a principios del siglo XVI, a quien se debe la enseñanza del lenguaje a niños sordomudos. Y, curiosamente, la invención del teléfono está ligada al interés del escocés **Graham Bell** por comunicarse mejor con su esposa sordomuda.

Un gran invento

Graham Bell consiguió reproducir artificialmente las palabras mediante el movimiento de unas membranas que vibraban al recibir el sonido a través de una trompetilla. Un cable eléctrico transportaba las vibraciones, que llegaban al receptor en forma semejante a la voz humana.

El telégrafo

Fue un invento anterior al teléfono. Surgió por la necesidad de enviar mensajes a puntos lejanos, como hacían los indios con las señales de humo. Al principio, un telegrafista situado en una torre enviaba señales a otro, igualmente en una torre, a varios kilómetros de distancia.
El inglés **Samuel Morse** inventó el código del mismo nombre por el que se podía enviar cualquier mensaje, mediante señales cortas y largas (puntos y rayas), desde una centralita y a través de un tendido de cables. La primera aplicación fue para el control de los trenes, y más adelante se amplió a la comunicación entre ciudades. Luego, el italiano **Marconi** descubrió las posibilidades de comunicación a través de las ondas y dio el salto definitivo hacia la radio.

Para saber más

http://www.youtube.com/watch?v=F8WJ21BWBs4
(«Los sabios»: *Graham Bell*, dibujos animados)

El gramófono

Un inventor genial

En 1873, **Thomas Alva Edison** logró realizar un viejo sueño de la humanidad: guardar los sonidos para luego reproducirlos a voluntad. Los funcionarios de la oficina de patentes de Nueva Jersey (EE UU) fueron testigos asombrados de ello. Cuando Edison puso en marcha su extraño aparato (el fonógrafo), el cilindro giró sobre un punzón y, a través de una especie de trompetilla, sonó una canción infantil.

¡Es un ventrílocuo!

Cuando Edison presentó su invento en la Academia de Ciencias de París, algunos sabios profesores gritaron: «¡Esto es obra de un ventrílocuo!».

La lámpara incandescente

Edison, que también tenía un gran instinto comercial, ganó una fabulosa fortuna gracias a sus más de mil inventos patentados. La lámpara incandescente, la popular bombilla, fue uno de sus mejores y fascinantes hallazgos: ¡unos filamentos metálicos que, por la electricidad, brillan, no se queman y dan luz!

Aparece el disco

La vida útil de los cilindros era muy breve por ser de cera. Diez años después que Edison, **Berliner,** un americano de origen alemán, dio con la solución de los discos planos de baquelita, que se podían fabricar como rosquillas.

Un siglo XX imparable

El hallazgo de Berliner dejó atrás el fonógrafo con su gramófono. A partir de ahí se suceden los perfeccionamientos: hacia 1920, gramófonos eléctricos sin manivela; hacia 1930, la cinta magnetofónica... Actualmente estamos en la era digital: CD, MP3...

Para saber más

http://www.youtube.com/watch?v=1aNJXK2KPEU
(El fonógrafo de Edison)

Thomas Alva Edison nació en 1847 y murió en 1931 a los 84 años.

En 1879, Edison consiguió que su primera bombilla luciera durante 48 horas seguidas.

Emile Berliner nació en 1851 y murió en 1929 a los 78 años.

Desde 1890 hasta 1980, el gramófono fue el sistema reproductor de sonidos más extendido.

El cine

Jugar con la luz

La particularidad de la retina por la que, cuando vemos una película, nos produce una sensación de movimiento real, fue descubierta hace mucho tiempo. El antecedente del cine es la linterna mágica, que data del siglo XVII: se ponía una luz detrás de una caja y se iban pasando dibujos hechos sobre cristal.

Primero fue la fotografía

El paso de gigante lo dio el francés **Daguerre** al descubrir la fotografía en 1839. Gracias a él, y sirviéndose de 24 cámaras en fila, el inglés **Muybridge** pudo estudiar los movimientos de personas y animales en 1878. El siguiente avance fue la película de celuloide: colocando las fotos en serie y pasándolas delante de un foco de luz, se proyectaban sobre una pantalla.

Los hermanos Lumière

En 1895, estos hermanos proyectaron en París la primera película de la historia: la salida de unos obreros de su fábrica. Fue un tremendo éxito.

Los primeros efectos especiales

Otro francés, **Georges Méliès**, fue el primero en darse cuenta de que el cine podía contar historias. También utilizó mucha fantasía y trucos, como en su *Viaje a la Luna*, de 1902.

Hollywood

Esta localidad de California se convirtió en el mayor centro de producción de cine del mundo. El cine favoreció al género cómico, en el que destacan Chaplin (*Charlot*), Jaimito, el Gordo y el Flaco... En 1927, la primera película sonora dejó atrás el cine mudo, y algunos actores que tenían la voz fea se quedaron sin trabajo. *Lo que el viento se llevó* fue una de las primeras películas en color.

Para saber más

http://www.youtube.com/watch?v=Hk9a5ggr32k
(La historia del cine)

Louis Daguerre nació en 1787 y murió en 1851 a los 63 años.

Auguste Lumière nació en 1862 y murió en 1954 a los 91 años. Su hermano Louis nació en 1864 y murió en 1948 a los 83 años.

En la película de los Lumière *La llegada del tren*, los espectadores echaron a correr despavoridos al ver que una locomotora se lanzaba sobre ellos.

Georges Méliès (1861-1938) coloreaba a mano cada fotograma.

El automóvil

El motor de explosión

Primero la rueda, y después el motor de explosión, revolucionaron el transporte y la movilidad del hombre. El motor de cuatro tiempos fue inventado por el ingeniero alemán **Nikolaus Otto** en 1876. Se basaba en la explosión controlada que se producía cuando una chispa prendía al mezclarse aire con gasolina. La explosión, en forma de gases, empuja un cilindro que contiene un pistón, y así se origina la energía capaz de mover una máquina o las ruedas de un automóvil. Años después, este tipo de motor facilitó el vuelo de los primeros aviones.

Los primeros automóviles

El hallazgo de Otto revolucionó el mundo del automóvil, que al principio era un simple coche impulsado por una máquina de vapor. Los alemanes **Karl Benz** y **Gottlieb Daimler** crearon el primer automóvil moderno. Y en 1899, como el empresario Jellinek venció en un *rally* con un coche Daimler en el que el nombre de su hija Mercedes tapaba la marca, al asociarse con ellos adoptaron ese nombre para este revolucionario vehículo, cuyo prestigio ha llegado hasta nuestros días.

Producción en serie

El automóvil fue al principio un capricho de gente adinerada, pero la producción en serie fue abaratando los costes y pronto la clase media pudo adquirir el soñado coche familiar. El americano **Henry Ford** fue quien más popularizó el automóvil al construir uno barato, el *Ford T*, que se fabricó hasta 1927, con un récord de ventas de más de quince millones de unidades.

Para saber más

http://www.youtube.com/watch?v=XqPq5LOZKmw
(«Érase una vez… Los inventores»: *Ford y la aventura del automóvil*, dibujos animados)

Nikolaus Otto nació en 1832 y murió en 1891 a los 58 años.

Karl Benz nació en 1844 y murió en 1929 a los 84 años. Gottlieb Daimler nació en 1834 y murió en 1900 a los 65 años.

Henry Ford nació en 1863 y murió en 1947 a los 83 años.

El modelo Ford T consumía 1 litro de gasolina cada 5 km y alcanzaba una velocidad máxima de 70 km por hora.

El globo y el avión

Joseph-Michel Montgolfier nació en 1740 y murió en 1810. Su hermano Jacques-Étienne nació en 1745 y murió en 1799.

Volar como los pájaros

Cuenta la leyenda que, en Grecia, Dédalo construyó unas alas para él y su hijo Ícaro. Ya en tiempos históricos, **Leonardo da Vinci**, en el siglo XV, dejó unos dibujos de extraños aparatos pegados a alas como de murciélago. Y en el siglo XVIII, los **hermanos Montgolfier** concibieron la idea del globo al observar cómo el calor elevaba pequeños trozos de papel. Sus globos se llenaron de aire caliente que luego fue sustituido por hidrógeno, menos pesado que el aire.

Wilburg Wright nació en 1867 y murió en 1912. Su hermano Orville nació en 1871 y murió en 1948.

El primer vuelo

Los **hermanos Wright**, estadounidenses, inventaron el avión conocido como *Flyer*, que en 1903 hizo un recorrido de 260 m en 59 segundos, con un motor de gasolina.

El famoso aviador alemán Von Richthofen, conocido como el Barón Rojo, tripulaba un *Fokker* con el que derribó más de 80 aviones enemigos durante la Primera Guerra Mundial.

Otros pioneros

El francés **Louis Blériot** fue el primero en atravesar el Canal de la Mancha; tardó algo más de 36 minutos en volar los casi 38 km que separan Calais de la costa inglesa de Dover en su monoplano con un motor de 25 CV.

La aviación militar

El genial invento fue aprovechado en la Primera Guerra Mundial. Los aviones se usaron para la observación y destrucción del enemigo. Hubo aviones de combate de todas clases: biplanos (doble ala) y triplanos como el *Fokker* alemán.

En 1937, el dirigible alemán Hindenburg estalló al aterrizar en Nueva Jersey y hubo 36 muertos.

Los dirigibles

Al finalizar la Primera Guerra Mundial, comienza la aviación comercial con aviones más grandes y cómodos. Para ello también se usaban los dirigibles (globos en forma de balón de *rugby* con una hélice unida a un motor), pero no duraron mucho.

Para saber más

http://www.youtube.com/watch?v=ywZ6ycfBY-I
(El avión de los hermanos Wright)

Las vacunas y la penicilina

> Edward Jenner nació en 1749 y murió en 1823 a los 73 años.

Un médico estudioso

La viruela era una de las enfermedades que más víctimas causaban, y a partir de 1796, el médico inglés **Edward Jenner** empezó a estudiarla. Se dio cuenta de que era raro encontrarla entre personas que estuvieran en contacto con vacas, pues estas solo sufrían unas molestas pústulas (granos). Entonces pensó en extraer el líquido de estas pústulas e inyectarlo a otra persona, que quedaría inmune a la enfermedad.

> La palabra «vacuna» viene de «vaca», por el origen del descubrimiento.

> Alexander Fleming nació en 1881 y murió en 1955 a los 73 años. Junto a sus colaboradores, recibió el premio Nobel de medicina en 1945.

Nace la vacuna

Quienes recibían esa dosis contraían una viruela suave que pronto se curaba. Jenner había descubierto la vacuna y, con ella, salvó innumerables vidas. En 1803, el rey Carlos IV envió una expedición a las colonias de América y de Filipinas para eliminar la enfermedad y, como única forma de conservar y transmitir la vacuna, llevaba en la corbeta *María Pita* a 22 niños de un hospicio con pústulas. Ese viaje fue un instrumento muy eficaz en la lucha contra la viruela.

> En los alrededores de la plaza de toros de Las Ventas, en Madrid, hay una estatua de Fleming con el agradecimiento de los toreros.

La penicilina

Ha sido otros de los inventos salvadores de la humanidad. Su descubridor fue **Alexander Fleming**, profesor de la Universidad de Londres, quien casualmente la descubrió estudiando en 1928 una placa con cultivos microbianos. Observó que los microbios no se desarrollaban donde había nacido un moho verdoso. Tras investigar, identificó el hongo como del tipo *penicillium* (de ahí, «penicilina»). Con ayuda de los profesores Florey y Chain, en 1941 consiguieron hacer realidad el medicamento, que salvó la vida de miles de soldados en la Segunda Guerra Mundial.

Para saber más

http://www.youtube.com/watch?v=Im9lLVAsxJs
(La viruela: historia de una enfermedad)

Los cohetes espaciales

Werner von Braun nació en 1912 y murió en 1977 a los 65 años.

Armas de guerra

Los primeros cohetes fueron armas de guerra. **Werner von Braun,** el inventor de los que causaron tanto daño durante la Segunda Guerra Mundial (llamados V1 y V2), luego se convirtió en el impulsor de la carrera espacial americana.

Julio Verne, el gran escritor francés, escribió la novela *De la Tierra a la Luna* cien años antes de que el hombre llegase a la Luna.

Los satélites

Los primeros satélites artificiales fueron impulsados al espacio por cohetes. El satélite ruso *Sputnik 2* transportó en 1957 por primera vez un pasajero: la perrita *Laika*.

El primer hombre en el espacio

El cosmonauta ruso de 27 años Yuri Gagarin comenzó su aventura en la nave *Vostok 1,* el 12 de abril de 1961. La nave pesaba 4 725 kg y, a la media hora, conseguía los 28 000 km/h. En 108 minutos dio una vuelta completa a la Tierra a una altitud de 315 km.

La frase de Armstrong «Es un pequeño paso para el hombre, pero un salto gigantesco para la humanidad» es histórica.

Un nuevo combustible

Gracias al oxígeno líquido se hizo posible que los cohetes rompieran la fuerza de la gravedad.

Muchos de los avances tecnológicos: chip de silicio, ordenadores, telefonía vía satélite..., proceden de la carrera espacial.

La guerra fría

La carrera espacial se convirtió en un campo de batalla más entre Estados Unidos y la Unión Soviética. El primer paseo espacial lo dio el soviético Alexei Leonov en 1965, pero pisar la Luna fue un triunfo estadounidense.

Una huella humana

El 21 de julio de 1969, Neil Armstrong pisó el suelo lunar, y poco después, su compañero Edwin Aldrin. Tras varias horas en la superficie de la Luna, se reunieron con Michael Collins en la nave *Apolo 11* y regresaron sin problemas a la Tierra, desde donde se había podido seguir su aventura por televisión.

Para saber más

http://www.youtube.com/watch?v=yrY3x5A4p7w
(Primer viaje a la Luna: *Apolo 11*)

La radiactividad

La extraordinaria Marie Curie

No es habitual encontrar el nombre de una mujer en la historia de los inventos y descubrimientos científicos. Pero es el caso de **Marie Curie** (Marja Sklodowska), polaca de nacimiento e hija de un profesor de física y de matemáticas. A los 24 años se trasladó a París para estudiar en la Universidad de la Sorbona con una beca. Allí conoció a su marido, el profesor de física **Pierre Curie**.

Uranio y rayos

El matrimonio Curie amplió los descubrimientos de los rayos X, hechos por el físico **William Roentgen**, y de las sales de uranio, estudiadas por **Henri Becquerel**. En 1906, Marie ocupó la cátedra de física de su esposo tras la muerte de este.

Radiactividad

Marie Curie fue la primera científica en hablar de radiactividad, descubrimiento que se aplicó a lo que conocemos como radiografías. Los Curie descubrieron dos elementos químicos nuevos que bautizaron como *polonio* (por la patria de Marie) y *radio* (por su extraordinaria radiactividad).

Los premios Nobel

Marie fue la primera mujer en recibir un premio Nobel, el de física, en 1903, junto con su marido y Henri Becquerel. Pero a la muerte de Pierre, las investigaciones realizadas por ella sola recibieron un nuevo Nobel, esta vez de química, en 1911. Sus descubrimientos fueron donados a la ciencia.

Para saber más

http://www.youtube.com/watch?v=XqBrUWwzqEo
(«Érase una vez... Los inventores»: *Marie Curie*, dibujos animados)

Marie Curie nació en 1867 y murió en 1934 a los 66 años.

El viaje de novios de los Curie, a falta de dinero para más, fue un recorrido en bicicleta por Francia.

Con su cátedra, Marie despertó una gran curiosidad: en 650 años, ninguna mujer había impartido clase en la Sorbona.

Una de sus dos hijas, Irène, recibió también un premio Nobel, el de química, en 1935.

El chip prodigioso

Jack S. Kilby nació en 1923 y murió en 2005 a los 81 años.

Adiós a las válvulas

Antes, los televisores llevaban por dentro grandes lámparas y válvulas que los convertían en muebles voluminosos. Pero la necesidad de empequeñecer todos los aparatos de las naves espaciales obligó a investigar otras soluciones. Así se llegaron a inventar los transistores y los chips de silicio. Todo se fue haciendo más pequeño.

Kilby fue galardonado en el año 2000 con el premio Nobel de física por la enorme contribución de su invento al desarrollo de la tecnología.

El circuito integrado

También conocido como *chip* o *microchip*, es una pastilla diminuta sobre la que se fabrican circuitos electrónicos y que está protegida dentro de un encapsulado de cerámica, el cual posee conductores metálicos apropiados para hacer conexión entre la pastilla y un circuito impreso.

El universo chip

Aunque hubo intentos anteriores, el primer circuito integrado fue desarrollado en 1959 por el ingeniero **Jack Kilby**. Desde entonces, los circuitos integrados se encuentran en todos los aparatos electrónicos modernos: ordenadores, coches, televisores, reproductores de CD, reproductores de MP3, teléfonos móviles… Los circuitos integrados tienen la ventaja de su bajo coste, su gran eficiencia energética y su reducido tamaño.

Los microprocesadores controlan numerosos aparatos, desde ordenadores hasta teléfonos móviles y hornos microondas.

Los fabricantes de estos circuitos compiten entre sí por hacerlos cada vez más pequeños y más rápidos.

Avances en los circuitos integrados

En el siglo XX, la fiabilidad de estos chips no solo reemplazó a las válvulas, sino que se han ido perfeccionando y se han elaborado otros más complejos, como los microprocesadores y las memorias digitales de hoy día. La informática, las comunicaciones, los sistemas de transporte, incluyendo internet, dependen de los circuitos integrados: es la revolución digital.

Para saber más

http://www.youtube.com/watch?v=0NCN1jtbDwk
(Fabricación de microprocesadores)

Soluciones y Búsqueda

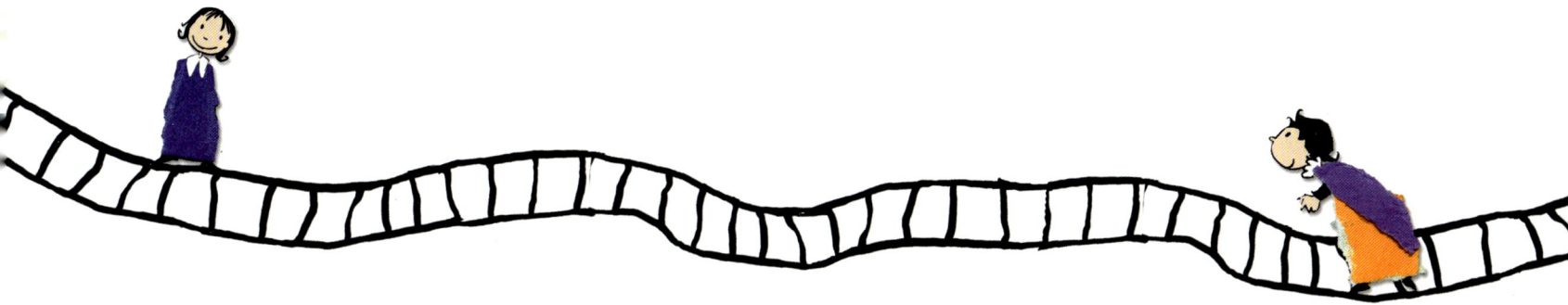

Soluciones

8 Las herramientas y la rueda

10 La fuerza del viento

12 La escritura y la imprenta

14 Mirar las estrellas

16 La máquina de vapor

18 El tren

20 El submarino

22 El teléfono

24 El gramófono

26 El cine

28 El automóvil

30 El globo y el avión

32 Las vacunas y la penicilina

34 Los cohetes espaciales

36 La radiactividad

38 El chip prodigioso

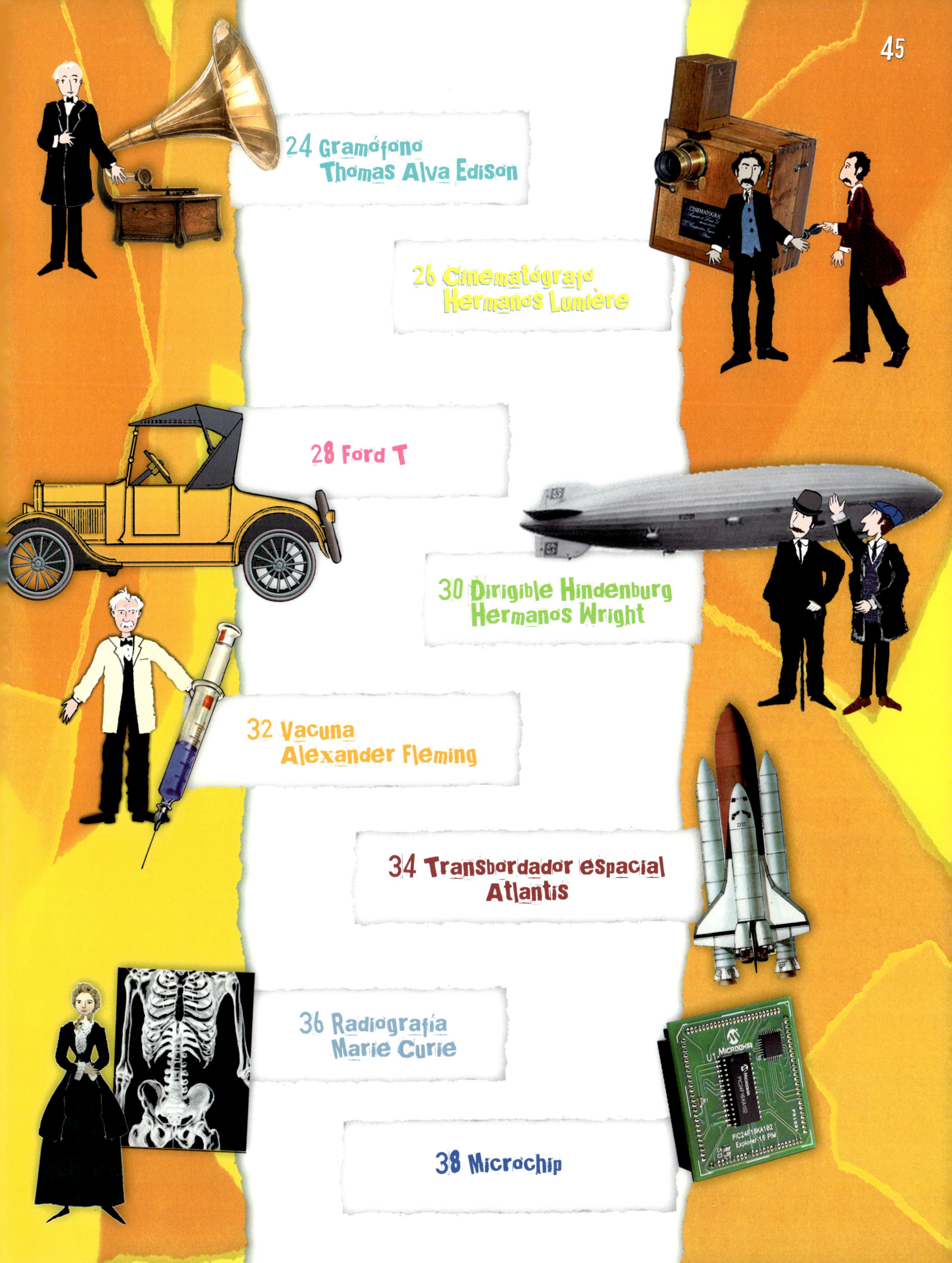

- 24 Gramófono — Thomas Alva Edison
- 26 Cinematógrafo — Hermanos Lumière
- 28 Ford T
- 30 Dirigible Hindenburg — Hermanos Wright
- 32 Vacuna — Alexander Fleming
- 34 Transbordador espacial Atlantis
- 36 Radiografía — Marie Curie
- 38 Microchip